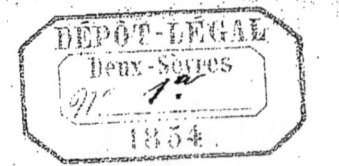

CE QUE POURRAIT

L'ALLIANCE ANGLO-FRANÇAISE,

EN METTANT FIN

A LA GUERRE D'ORIENT.

Par M. CHARLES DE SAINT-NEXANT,

CHEVALIER DE LA LÉGION-D'HONNEUR,

Auteur de WELLINGTON DEVANT L'HISTOIRE.

Point de violence en matière de Religion. La vérité se distingue assez de l'erreur.

(ART. 257 DU KORAN.)

Je veux qu'un jour entre mes sujets on ne distingue le Musulman qu'à la Mosquée, le Chrétien qu'à l'Église, le Juif qu'à la Synagogue.

(SULTAN MAHMOUD.)

NIORT

IMPRIMERIE DE L. FAVRE ET Cie,

RUE SAINT-JEAN, 6.

—

1854.

QUESTION ET GUERRE D'ORIENT.

Dévorée par une ambition insatiable; savourant avec son héros, Pierre-le-Grand, le rêve gigantesque de la monarchie universelle; furieuse, dès lors, de voir la Turquie marcher à grands pas, sous les auspices de la France et de l'Angleterre, dans la voie de sa régénération à la fois sociale, religieuse et politique, la Russie, à la juger par les orgueilleuses notes, par les attitudes hautaines du prince Menschikoff, et surtout par son audacieuse invasion des Principautés danubiennes, regretterait presque aujourd'hui de n'avoir pas profité de l'imprévoyance de l'Europe, en 1829, pour imposer à la Turquie, alors cependant vaincue avec honneur, plus encore que le trop humiliant traité d'Andrinople. —

Et cependant, le sens effroyable par la profondeur de son machiavélisme qu'y attachait la Russie, aurait dû depuis longtemps démontrer aux grandes puissances, beaucoup trop confiantes, que leur attention ne s'était pas suffisamment préoccupée de la gravité des affaires d'Orient.

En effet, si une chose nous afflige et nous étonne,

c'est qu'une ligue offensive et défensive entre la France, l'Angleterre, l'Autriche et la Prusse ne se soit pas organisée d'elle-même en quelque sorte contre la Russie, sous l'inspiration d'un danger commun, et le jour même où, frappées de stupeur, elles connurent cette lettre adressée le 12 février 1830, de Saint-Pétersbourg, par le comte de Nesselrode au grand-duc Constantin :

« Le but de nos relations avec la Turquie est celui que nous nous sommes proposé par le traité d'Andrinople lui-même et par le rétablissement de la paix avec le Grand-Seigneur. Il ne tenait qu'à nos armées de marcher sur Constantinople et de renverser l'empire turc. Aucune puissance ne s'y serait opposée, aucun danger immédiat ne nous aurait menacés, si nous avions porté le dernier coup à la monarchie ottomane en Europe.

« *Mais dans l'opinion de l'empereur, cette monarchie*, RÉDUITE A N'EXISTER QUE SOUS LA PROTECTION DE LA RUSSIE ET A N'EXÉCUTER DÉSORMAIS QUE SES DÉSIRS, *convenait mieux à nos intérêts politiques et commerciaux que toute combinaison nouvelle*, qui nous aurait forcés soit à trop étendre nos domaines par des conquêtes, soit à *substituer à l'empire ottoman des états qui n'auraient pas tardé à rivaliser avec nous de puissance, de civilisation, d'industrie, de richesse*; c'est sur ce principe de S. M. I. que se règlent aujourd'hui nos rapports avec le Divan. »

Maintenant que nous avons éclairé le passé de la question d'Orient à l'aide de ce document historique d'une si haute portée, nous demanderons à tout lecteur impartial si, en présence des traités de 1815 anéantis, réduits en poussière par celle des puissances qu'ils avaient cependant traitée d'une manière encore plus libérale qu'injuste; en présence du sang qu'avait répandu l'Autriche, de l'or qu'avait prodigué l'Angleterre dans toutes les coalitions formées contre notre généreux pays, l'Europe devait se borner à dicter à sa diplomatie cette stérile, inefficace et impolitique *note de Vienne*, que l'histoire enregistrera comme un monument de la grandeur facticement morale, créée à la Russie déjà trop ambitieuse par un amour de la paix aussi exagéré qu'aveugle.

Comment! la Valachie et la Moldavie ont été envahies en pleine paix, sous le plus vain, le plus futile, le plus ridicule prétexte, en s'enveloppant du manteau de l'orthodoxie, alors qu'il est acquis à la vérité et que les Russes forment un schisme partiel au milieu du grand schisme grec, et que le sultan a toujours respecté avec une fidélité dont les scrupules l'honorent, la lettre aussi bien que l'esprit de plusieurs traités, tous très désastreux pour lui; et l'Europe, pour le remercier de sa longanimité, de sa modération exemplaire, alors que les armées russes campaient au milieu de ses états, qu'elles foulaient cyniquement aux pieds les règles internationales et sacrées du droit des gens, qu'elles écrasaient les provinces Danubiennes par d'énormes contributions de guerre; qu'elles décimaient les boyards réduits à l'affreuse alternative de porter, au milieu des cohortes russes, les armes contre leur patrie, ou de mourir de froid au fond de la Sibérie; qu'elles incorporaient les jeunes Valaques, déjà leurs co-religionnaires, afin de se les plus vite assimiler, de les assouplir sans peine, d'avance, au joug de la conquête, dans des régimens destinés à faire à leurs concitoyens une guerre d'extermination, l'Europe, qui n'avait qu'à prendre sa voix tonnante pour faire reculer la Russie coupable envers elle, envers son repos, envers son commerce, envers son industrie, envers son avenir, envers sa civilisation, du plus coupable, du plus imprévu, du plus monstrueux abus de la force, n'a trouvé jusqu'ici, au milieu d'une aussi grave conjoncture, d'autre solution que le mesquin expédient d'ambages diplomatiques où l'on invitait la Sublime-Porte, ainsi qu'on va pouvoir en juger, à s'agenouiller, pour implorer la paix, aux pieds du conquérant son audacieux agresseur.

Honneur éternel pour la Turquie, qui, se sentant outragée dans sa dignité, dans sa toute-puissance souveraine, a noblement refusé de signer sa déchéance morale, a épargné à l'Europe une faiblesse que celle-ci aurait plus tard bien amèrement regrettée, et se levant comme un seul homme, de la manière la plus imposante, a su partout sur terre faire face à son redoutable ennemi, le faire reculer en Asie, le tenir en respect en Europe, se couvrir de gloire à Oltenitza (1).

Mais écoutons, non sans avoir sans cesse présentes à la mémoire ces admirables et si véridiques paroles de S. M. l'empereur Napoléon III : « Qu'au sein d'une très longue paix l'égoïsme et l'amour de l'argent finissent par tout énerver, » ce langage décoloré, obséquieux, presqu'empreint du sentiment de la peur, et que la diplomatie de l'Europe, qui, suivant la mâle et pittoresque expression de M. Emile de Girardin, est *à la guerre qu'elle retarde ce que la gangrène est à l'amputation*, prête à son auguste allié, au possesseur de son plus solide boulevart contre les empiètemens si dangereux de la Russie :

« S. M. le sultan n'ayant rien de plus à cœur que de rétablir entre elle et S. M. l'empereur de Russie les relations de bon voisinage et de parfaite entente qui ont malheureusement été altérées par de récentes et pénibles complications, a pris soi-

---

(1) La plus claire, la plus intéressante, la plus instructive des cartes générales sur le théâtre de la guerre d'Orient nous a paru celle dont le dépôt se trouve à Paris, rue du Bac, n° 9, hôtel de M. GUESNON.

gneusement à tâche de rechercher les moyens d'effacer les traces de ces différens points. Un iradé suprême lui ayant fait connaître la décision impériale, la Sublime-Porte se félicite de pouvoir le communiquer à S. Exc. M. le comte de Nesselrode.

« Si, à toute époque, les empereurs de Russie ont témoigné de leur active sollicitude pour le maintien des immunités et privilèges de l'église orthodoxe grecque dans l'empire ottoman, les sultans ne se sont jamais refusés à les consacrer de nouveau par des actes solennels qui attestaient de leur ancienne et constante bienveillance à l'égard de leurs sujets chrétiens.

« S. M. le sultan Abdul-Medjid, aujourd'hui régnant, animé des mêmes dispositions et voulant donner à S. M. l'empereur de Russie un témoignage personnel de son amitié la plus sincère, n'a écouté que sa confiance infinie dans les qualités éminentes de son auguste ami et allié, et a daigné prendre en sérieuse considération les représentations dont S. Exc. le prince Menschikoff s'était rendu l'organe auprès de la Sublime-Porte.

« Le soussigné a, par conséquent, reçu l'ordre de déclarer par la présente que le gouvernement de S. M. le sultan restera *fidèle à la lettre et à l'esprit des stipulations des traités de Routschouk-Kaïnardji et d'Andrinople, relatives à la protection du culte chrétien.* »

Que l'Autriche et la Prusse, l'une rivée à la Russie par un lien de gratitude bien lourd à porter pour l'orgueil d'une nation de 40 millions d'âmes, l'autre par une alliance de famille et par les dangers de son voisinage immédiat avec une puissance aussi colossale, aient fait bon marché, même en présence des termes historiquement solennels du traité du 13 juillet 1841, du respect qu'elles doivent, et qu'elles ont même tant d'intérêt à porter, à l'inviolabilité des droits souverains du sultan, nous n'en sommes que médiocrement étonnés; mais que l'Angleterre et la France, devant l'épée, le trident et la richesse desquelles le monde entier doit s'incliner, aient si faiblement sauvegardé l'influence, l'amour-propre et l'honneur de leur plus intime allié, c'est ce dont jamais, ni logiquement, ni rationnellement, ni politiquement, nous ne parviendrons jamais à nous rendre compte.

C'était cependant, suivant nous, le cas et pour la France et pour l'Angleterre, de faire oublier à l'Europe qui les regardait, l'immense échec moral qu'elles avaient subi le jour où les troupes russes, franchissant le Pruth, leurs vaisseaux étaient restés immobiles à l'ancre à Bésika, au lieu de cingler vers le détroit des Dardanelles pour le traverser en toute hâte et se montrer majestueusement dans la Mer Noire.

Naguère encore, la fortune prodigue de ses dons

pour la noble et sainte cause que devraient si fermement soutenir les gouvernemens de France et d'Angleterre, a affligé la Turquie du désastre de Sinope, où la Russie n'a vaincu son valeureux adversaire, avec l'avantage du vent, la chance de la surprise et de quadruples moyens d'actions, que pour convier les deux grandes puissances maritimes non pas à une seconde bataille de Navarin, aussi peu glorieuse qu'impolitique pour la France et l'Angleterre, mais à la réparation spontanément méritée d'un abus prémédité de la force qui a dégénéré en barbarie, et que la postérité condamnera sévèrement et à juste titre, le jour où elle saura que les Russes ont flétri leurs trop faciles lauriers en incendiant cruellement une ville semi-chrétienne dont toutes les batteries étaient désarmées, en engloutissant au fond de la mer des embarcations chargées d'hommes sans défense; enfin, en s'oubliant jusqu'à maltraiter le commandant en chef de la flotille turque, le brave Osman-Pacha, un héros malheureux, couvert des plus glorieuses cicatrices, et même presque mortellement blessé.

Il nous reste encore, pour achever ce travail, à faire ressortir les causes qui s'opposent à l'intimité de l'alliance anglo-française, et à la nécessité si pressante pour ces deux reines du monde de conclure entre elles un traité d'alliance offensif et défensif, ayant pour objet de rendre la Russie à son origine, de la refouler dans ses limites naturelles, les contrées barbares de l'Asie.

Si l'Angleterre, qui devrait toujours avoir présentes à la pensée ces remarquables paroles d'un de ses plus grands hommes d'Etat, de lord Chatam : « *Je ne discute pas avec quiconque me dit que le maintien de l'empire ottoman n'est pas pour l'Angleterre une question de vie ou de mort,* » délibère au lieu d'agir, envenime ainsi la plaie de la question turque au lieu de la guérir, c'est que sous l'impression affaiblie sans doute, mais non encore éteinte de son implacable et éternelle rivalité avec la France, elle est dominée par la crainte que la guerre générale ne fournisse à celle-ci l'occasion de s'agrandir sur le continent.

Eh bien ! en admettant que cette prévision, de nature à faire puissamment vibrer la corde du patriotisme, de l'amour national chez tous les Français qui ont versé des larmes de sang sur les traités de 1815, stigmatisés si énergiquement par ce mot de Lamarque, qui restera : *une halte dans la boue,* se réalise, est-ce que l'Angleterre, dont la puissance si formidable, la richesse si merveilleuse, sont indissolublement liées à sa suprématie maritime, n'aurait pas un intérêt plus grand qu'elle ne se l'imagine assurément, à laisser reprendre à la France sa prépondérance continentale perdue sous le règne de Louis XV par l'inique partage de la Pologne, perdue en 1815 avec ses frontières du Nord et de l'Est, afin de la détourner de l'idée cependant si naturelle et si légitime, alors que son essor se trouve gêné sur le continent, de créer une marine dont le développement et la puissance porteront un jour ombrage à la sienne.

Ce motif, le plus grave assurément, le seul peut-être qui paralyse, dans cette circonstance décisive, l'initiative ordinairement aussi ferme que prompte, aussi féconde que hardie de l'Angleterre, n'est plus de nature à tenir, aujourd'hui, en présence de l'alliance significative de la Russie et de la Perse, son énergie et sa force de volonté longtemps enchaînées.

En effet, menacée par la Russie dans la possession de l'empire le plus riche de la terre, dans ses magnifiques établissemens des Indes, l'Angleterre est trop éclairée, s'y sent trop vulnérable, attaquée à la fois sur terre par la Russie et la Perse, auxquelles ne manqueraient pas de se joindre les innombrables mécontens de tous les royaumes conquis, pour se bercer de l'illusion qu'elle serait de force à soutenir un pareil choc sur cet immense continent.

Si, d'ailleurs, quelques doutes pouvaient encore s'élever sur cette question résolue d'avance pour tous ceux qui se sont livrés à de sérieuses études sur les problèmes toujours très délicats de la politique étrangère, et surtout sur les si grandes ressources en hommes dont dispose la Russie, ils seraient immédiatement dissipés par ces paroles prophétiques de l'empereur Napoléon Ier :

« Une fois maîtresse de Constantinople, la Russie a tout le commerce de la Méditerranée, devient une grande puissance maritime, et Dieu sait ce qu'il en peut résulter ? Elle vous cherche querelle, fait marcher sur l'Inde une armée de 70,000 bons soldats, ce qui n'est rien pour la Russie, y joint 100,000 canailles de Cosaques et autres barbares, et *l'Angleterre perd l'Inde.*

« De toutes les puissances, la Russie est la plus redoutable, surtout pour vous (Anglais)! Ses soldats sont plus braves que les Autrichiens, et elle peut en lever autant qu'il lui plaît. En bravoure, les soldats Français et Anglais sont les seuls qu'on puisse leur comparer. Tout cela, je l'avais prévu..

« *Je vois dans l'avenir plus loin que les autres.*

« Tel est le motif pour lequel je voulais opposer une barrière à ces barbares en rétablissant le royaume de Pologne, et en mettant sur le trône Poniatowski, mais vos imbéciles de ministres ne voulurent point y consentir !.. »

Autant nous admirons la justesse des idées, la profondeur des vues et la verve incisive qui caractérisent la plus grande partie de ce très remarquable passage des œuvres de l'immortel captif de Sainte-Hélène ; autant, tout en restant pénétré du plus profond respect pour sa mémoire incomparable, nous protestons avec vigueur contre la portée qu'attache Napoléon Ier au dernier paragraphe de cette citation, où il place le non-rétablissement du royaume de Pologne sur le compte de l'opposition qu'il rencontra chez les ministres anglais.

Comme il n'y avait plus de coalition possible en Europe le jour où Napoléon Ier, qui le pouvait si facilement à l'époque où il pénétra en Russie à la tête de l'armée la plus brillante et la plus aguerrie qui ait peut-être jamais existé, aurait rendu à la Pologne sa nationalité, il est indubitable que les ministres anglais d'alors se montrèrent conséquens avec eux-mêmes, fidèles à leur rôle d'ennemis acharnés et opiniâtres de la France, en s'opposant systématiquement, et par tous les moyens en leur pouvoir, à la résurrection de la Pologne.

Au lieu d'attribuer ainsi injustement la faute la plus capitale de son règne à ceux qui devaient naturellement se livrer à des efforts inouis pour le déterminer à la commettre, il aurait encore, si c'est possible, grandi dans l'estime et l'admiration de la postérité, en reconnaissant qu'égaré à la fois par son caractère trop confiant et son désir immodéré de se concilier les sympathies impossibles de rois qu'il avait trop souvent vaincus et humiliés pour qu'ils lui pardonnassent et son immense génie et l'infériorité de sa naissance, il avait oublié les signalés services des Polonais pour les sacrifier tour à tour à sa sympathie pour le vénérable roi de Saxe, à son amitié pour l'empereur Alexandre, à son fatal mariage avec la fille du descendant des Césars.

Après cette digression que le lecteur nous pardonnera peut-être, et parce qu'elle met en relief une importante vérité historique, et parce que surtout elle se rattache indirectement, de très près même, à notre sujet, nous allons achever d'approfondir les motifs qui font naître la division à Londres jusqu'au sein du ministère anglais, et qui retiennent encore celui-ci sur une pente d'où la force, la logique et l'enchaînement des événemens politiques qui se passent, se pressent et se compliquent en Turquie et en Perse, vont l'obliger à descendre pour resserrer avec la France les liens de l'alliance la plus étroite, la plus féconde, nous pouvons même ajouter la plus sincère; car d'après Napoléon Ier, cette fois comme presque toujours dans le vrai: « Si jamais la France et l'Angleterre s'allient de bonne foi, ce sera pour empêcher que les Russes ne s'emparent de Constantinople, *clef si précieuse qu'elle vaut à elle seule un Empire, et qu'elle soumet le monde à la domination de son possesseur.* »

Une des raisons, et ce n'est pas la moins forte, qui exerce une très grande influence sur la politique à la fois singulière et hésitante de la Grande-Bretagne à Constantinople, c'est que dans le cas d'une conflagration générale, elle craint de voir la France impériale se détacher d'elle, de se trouver seule dès lors aux prises avec l'Europe entière, dans la prévision presque certaine où l'Italie, la Hongrie et la Pologne, courant aux armes avec ensemble, tenteraient un suprême effort pour briser le joug de la conquête.

Cette supposition gratuitement erronée des hommes d'Etat de la Grande-Bretagne, est inadmissible par deux motifs :

Une fois que le but de l'alliance entre l'empereur Napoléon III et la reine de la Grande-Bretagne aurait été clairement précisé, nettement défini, les Anglais pourraient très fermement compter sur la loyauté proverbiale, sur la générosité chevaleresque, sur la sincérité religieuse de la parole de l'empereur Napoléon III.

D'un autre côté, est-ce que la France, à part pour l'Angleterre la conservation de son Empire des Indes, n'a pas un intérêt encore plus direct, encore plus immédiat, encore plus vital à ce que ces nationalités, brisées par les revers de ses armes, ne soient définitivement sous ses auspices, grâce à son concours armé, définitivement rendues à l'indépendance et à une sage liberté ?

Mais, nous dira-t-on, le Gouvernement français reculera devant cette alliance dans la crainte que les soulèvemens populaires de l'Italie, de la Pologne et de la Hongrie ne puissent rouvrir, en France, l'ère des révolutions si heureusement fermée par l'homme providentiel, par le sauveur du deux décembre.

Nous opposerons à ce raisonnement, plus spécieux que solide, deux argumens qui nous paraissent péremptoires.

D'abord, surtout quand il s'agit pour la France de recouvrer sa prépondérance continentale, d'effacer de notre histoire ce barbare partage de la Pologne, que la France *endormie*, suivant l'expression infernalement juste du grand Frédéric, n'aurait pas dû laisser consommer sans sacrifier pour cette cause, sacrée pour elle à tant de titres, jusqu'à son dernier homme et son dernier écu, on peut être convaincu que l'ardent patriotisme de Napoléon III s'élèverait avec d'autant plus de facilité à la hauteur d'une pareille question, que son coup d'œil à la fois si juste, si profond, si rapide y verrait avec bonheur surgir la précieuse occasion de mettre le comble à la gloire sans pareille de son oncle, en attachant à la couronne de celui-ci, aux acclamations de tous les peuples reconnaissans, le seul fleuron qui y manquât.

Enfin, est-ce que le Monarque, qui possède à un si haut degré l'amour du peuple français, et que *huit millions* de suffrages, entièrement libres, ont porté triomphalement sur le trône, aurait des craintes sérieuses à concevoir au milieu des onze millions de citoyens français propriétaires, la plupart sympathiques à son avènement, tous par un intérêt bien entendu, essentiellement conservateurs, sur les menées de socialistes égarés, qui oublieraient leurs rêves-creux pour courir aux armes et chercher à acquérir de la gloire sur les Alpes et sur le Rhin?

D'ailleurs, si l'Angleterre ne veut pas marquer la première étape dans la voie de sa décadence, réaliser la sinistre prophétie de M. Ledru-Rollin en s'endormant sur les bords de l'abîme ouvert sous ses pas par le coup de grâce porté à la dignité de la Turquie, rayée à tout jamais du nombre des puissances dignes de ce nom, si l'Europe persiste à lui imposer la honte d'une négociation *antérieure* à l'évacuation par les troupes russes des Principautés danubiennes, ainsi que par l'alliance intime des Russes et des Persans, il est indispensable pour elle de conclure de suite avec la France un traité sérieux, dont l'objet sera le raffermissement, la conservation, le développement de la puissance ottomane, et dont les conséquences, pour l'Angleterre, seront la conservation paisible de son féerique Empire des Indes; pour la France, la reprise de sa prépondérance continentale; pour les Nationalités subjuguées, le réveil, la liberté et l'indépendance à tout jamais consacrées.

Aux partisans (et ils ne sont en France que trop nombreux) de la *paix à tout prix*; à ceux qui s'imaginent bien à tort que la guerre générale, une fois engagée, serait interminable, nous répondrons en même temps que la Russie, attaquée vigoureusement au cœur de la Pologne par tous les moyens d'action, dont disposeraient les flottes combinées de la France et de l'Angleterre, aurait d'autant moins de chance de résister aux soulèvemens concertés de ses héroïques habitans, au secours desquels on volerait et avec des troupes de débarquement, et avec des armes et avec des munitions, et avec le grand nerf de la guerre, de l'or, que la Turquie dans tout le sud de l'Empire, que Schamil dans ces montagnes du Caucase qu'il a su immortaliser par son génie, que la Suède pour recouvrer sa bien chère Finlande, le Danemark pour reprendre la Norwège, dont en 1815, pour le punir de sa chevaleresque fidélité à notre alliance, on la dépouilla injustement, se lèveraient en masse, et renfermant la Russie qu'ils étreindraient avec une force indomptable dans un vaste cercle de fer, ils contraindraient son trop ambitieux Autocrate et à se repentir amèrement de son audace et à en être réduit à exécuter ce que disait Alexandre, en 1809, en apprenant la nouvelle du mariage de Napoléon avec Marie-Louise :

« Voici le moment arrivé pour moi de me retirer dans mes steppes de l'Asie. »

Cela est fort bien, nous dira-t-on ; mais vous avez compté sans l'Autriche et la Prusse, qui, plutôt que de perdre l'une la Gallicie, l'autre le grand-duché de Posen, feront marcher toutes leurs armées au secours de leur allié naturel, de l'Empereur de Russie.

Parlons d'abord de l'Autriche qui devrait, dans cette guerre, si elle n'était pas doublement aveuglée par sa reconnaissance envers la Russie, par sa jalousie contre la France, embrasser de concert avec celle-ci et avec l'Angleterre la sainte cause de la Sublime-Porte outragée, sans motif, dans son honneur national.

En effet, l'une des gloires de l'Europe, l'un des plus grands hommes de l'Espagne, celui que ce noble pays pleure encore, J. Donoso Cortès, a signalé énergiquement à l'Autriche, avec l'autorité qui découle de toutes ses paroles, l'écueil contre lequel elle se briserait le jour où elle aurait la folie de vouloir partager l'Empire turc avec la Russie, ou faire cause commune avec celle-ci dans cette complication européenne.

« *Si les Russes s'emparent de Constantinople, l'Autriche sera effacée du livre des grandes puissances, et c'est le premier pas pour sortir du livre des nations.* »

Mais admettons qu'elle se livrera à des efforts surhumains pour faire pencher la balance du côté de la Russie, est-ce que l'imposante levée de boucliers de l'Italie, en 1848; est-ce que surtout la dernière révolution en Hongrie, n'ont pas péremptoirement démontré et aux plus incrédules et aux plus enthousiastes admirateurs de cette puissance,

portant en elle un germe de destruction lente en raison des nombreux élémens hétérogènes, dont elle se trouve composée, que ses troupes, quelque nombreuses qu'elles pussent être, seraient à peine suffisantes pour contenir les Hongrois et les Italiens électrisés, les uns par le voisinage des flottes anglo-françaises, les autres par le contact presque immédiat des deux cent mille soldats, que nous pourrions envoyer sur les Alpes, et auxquels le Piémont, brûlant du désir de venger glorieusement l'affront de ses dernières défaites, servirait de formidable et solide avant-garde.

Reste donc la Prusse, dont l'influence en Allemagne serait certainement balancée d'un côté par le Hanovre, dont notre précieuse alliance avec l'Angleterre nous assurerait le concours le plus cordial, sans compter la Saxe, devenant par la force des choses notre infatigable alliée, et à laquelle l'Angleterre et la France feraient accomplir des merveilles en lui garantissant à titre d'équitable réparation de la scandaleuse injustice commise à son égard, en 1815, par le congrès de Vienne, la restitution des provinces dont on la dépouilla, en haine de la France, au mépris des beaux sentimens déployés par son Roi, pour démesurément agrandir la Prusse.

Il ne faut pas non plus perdre de vue que la belliqueuse Suisse entrerait avec bonheur dans l'alliance anglo-française, du moment où elle trouverait d'un seul coup l'occasion, et de conquérir définitivement Neuchâtel sur la Prusse, et d'opérer une puissante diversion en Italie au détriment de l'Autriche, qui s'est attirée sa haine en l'humiliant et en appesantissant sur elle, en maintes circonstances, sa main de fer.

Quant à la Bavière et au Wurtemberg, il leur suffirait de voir l'Autriche, dont elles sont les satellites, se trouver en raison de ses inextricables embarras intérieurs, dans l'entière impossibilité de leur venir en aide, en être même, elle, leur protectrice, probablement réduite à implorer leur secours, pour que, dominées par le soin de leur conservation personnelle, elles se tournassent sans hésitation du côté de la force, de l'argent, de la sympathie des peuples, de tous les amis de la civilisation et du progrès.

Tenue en échec d'un côté par les Polonais de son grand duché, d'un autre par la Saxe et le Hanovre, paralysée par la fermentation que nos armées agglomérées sur nos frontières ne manqueraient pas d'exciter dans les provinces rhénanes, que pourrait la Prusse en faveur de la Russie, cernée de toutes parts par des adversaires dignes d'elle, par de courageux et implacables ennemis de son despotisme barbare?

« Et en admettant, pour porter les choses au pire en faveur de la coalition des trois puissances du

Nord, que le roi de Prusse pût détacher de ses états en ébullition cent mille soldats pour les envoyer au secours de son beau-frère, ils n'en seraient pas à leur première journée de marche que le télégraphe électrique prussien les rappellerait pour faire face à deux cent mille Français, venant de passer le Rhin. »

Puisqu'il est impossible que la victoire fasse défaut à une guerre aussi juste, entreprise à titre des plus légitimes représailles contre une puissance orgueilleusement envahissante, notre conclusion est que la France et l'Angleterre doivent s'unir cordialement à tout jamais, l'une pour préserver de l'invasion russe son inappréciable Empire des Indes, l'autre pour reprendre sa prépondérance continentale ; toutes deux pour reprendre et régénérer l'héroïque Turquie, toutes deux pour sauver du martyrologe politique la nationalité de l'infortunée Pologne, toutes deux enfin pour refouler en Asie l'Empire russe, qui périrait ainsi sous les coups de la Pologne, *cet os*, qui suivant la prévision trivialement, cyniquement énergique d'un grand homme, de Jean-Jacques Rousseau, doit étrangler du même coup les puissances qui l'ont avalé, c'est-à-dire la Russie, l'Autriche et la Prusse.

www.ingramcontent.com/pod-product-compliance
Lightning Source LLC
Chambersburg PA
CBHW062005070426
42451CB00012BA/2686